AF467105

Prix : **1** franc

LES ENFANTS

OU

LA FRANCE DANS L'AVENIR

PAR

A. SCRIBE

« O mon pays, sois mes amours »
CHATEAUBRIANT.

DÉPOT CENTRAL :
HENRY GEORG, libraire-éditeur
LYON - BALE - GENÈVE
1887

OUVRAGES DU MÊME AUTEUR

Le Pain.

Air, Alimentation et Population.

Une Question d'intérêt social.

Les Falsificateurs de denrées.

Une admirable Institution.

Ce qu'on entend par « Participation aux Bénéfices » *dans les Compagnies d'Assurances (Vie) par Actions.*

L'Art de bien lire à l'Ecole, en Famille et en Public.

Lecture sur la Géographie universelle, moins l'Europe.

Imp. X. Jevain, rue Sala, 44, Lyon

Fin d'une série de documents
en couleur

LES ENFANTS

OU

LA FRANCE DANS L'AVENIR

LES ENFANTS

OU

LA FRANCE DANS L'AVENIR

PAR

A. SCRIBE

« O mon pays, sois mes amours »
CHATEAUBRIANT.

LYON
IMPRIMERIE X. JEVAIN
RUE SALA, 42 ET 44

1887

TABLE DES MATIÈRES

CHAPITRE I

Les dangers qu'engendre le progrès social.

CHAPITRE II

Le mouvement de la population en Europe.

CHAPITRE III

La mère de famille et le progrès social.

CHAPITRE IV

Influence de la nourriture sur le développement des facultés intellectuelles.

CHAPITRE V

Les influences de la famille.

CHAPITRE VI

Les influences extérieures.

LES ENFANTS

OU

LA FRANCE DANS L'AVENIR

CHAPITRE I

Des dangers qu'engendre le progrès social (1).

Il y a, dans l'existence des nations, quelle que soit la forme politique qui les régisse, des époques qui exigent de la part des citoyens, beaucoup de dévouement, d'intelligence et de discernement pour sauver le vaisseau national du naufrage.

Nous sommes dans une de ces périodes.

Que de fois les nations et les civilisations ont été confrontées par des problèmes semblables à l'énigme du Sphinx : Il fallait les résoudre ou être dévorés !

Mais jamais jusqu'ici, des problèmes aussi vastes et aussi compliqués que ceux que nous avons en ce moment sous les yeux ne s'étaient présentés à nous ; et ceci n'a rien qui doive nous étonner.

Les questions sociales, que les dernières années de ce siècle ont fait surgir, ont leur source dans les progrès matériels et intellectuels qui en ont marqué le cours.

Entre le développement d'une société et le développement des espèces il y a une très grande analogie : — Les formes les plus

(1) Voir Henri Georges. *Progrès et Pauvreté.*

basses de la vie animale présentent peu de différence entre elles: les besoins et les pouvoirs sont rares et simples ; le mouvement paraît automatique et les instincts peuvent à peine être distingués de ceux des végétaux. Ces choses vivantes sont si homogènes qu'elles vivent encore après avoir été coupées en morceaux; mais à mesure que la vie s'élève dans de plus hautes manifestations, la simplicité fait place à la complexité, les parties se développent en organes ayant des fonctions distinctes et des relations réciproques ; de nouveaux besoins naissent, des pouvoirs nouveaux s'élèvent et un degré d'intelligence de plus en plus développé est nécessaire pour subsister et pour éviter le danger. Si les poissons et les oiseaux ne possédaient pas un plus haut degré d'intelligence que le polype, la nature ne les produirait que pour les voir mourir aussitôt.

Cette loi — qu'un accroissement de complexité et de délicatesse d'organisation qui donnent des capacités plus élevées et des pouvoirs plus étendus sont accompagnés par des besoins plus nombreux et de plus grands dangers et exigent, par conséquent, une intelligence plus élevée — s'étend à toute la nature.

Dans l'échelle ascendante de la vie, *l'homme*, l'animal le mieux organisé, vient enfin. Non-seulement ses pouvoirs supérieurs exigent une intelligence supérieure à celle des autres animaux, mais sans cette intelligence supérieure il ne pourrait exister. Sa peau est trop délicate, ses ongles trop faibles ; il est trop pauvrement conditionné pour courir, grimper, nager ou pour creuser la terre. S'il n'était pas doué d'une intelligence supérieure à celle des autres animaux, il périrait de froid, mourrait de faim, ou bien il serait exterminé par d'autres animaux mieux équipés que lui pour la lutte dans laquelle des instincts de brutes suffisent.

Chez l'homme, cependant, l'intelligence qui augmente dans l'échelle ascendante de la nature, passe tout à coup à une intelligence si supérieure, que la différence paraît plutôt d'espèce que de degré. Chez lui, cette intelligence étroite et apparemment inconsciente que nous appelons instinct, devient consciente raison ; et le pouvoir divin d'adaptation et d'invention fait de l'homme faible le roi de la nature. Mais la ligne ascendante s'arrête à l'homme. La vie animale n'assume pas de formes plus élévées, et nous ne pouvons affirmer qu'à travers toutes ses générations, l'homme en tant qu'animal, ait fait un seul pas vers un plus grand degré de perfection. Mais la progression dans une autre direction commence. — Là où le développement des espèces finit, le développement social commence — et cet avancement de société, que nous appelons civilisation, augmente le pouvoir humain à tel point, qu'entre l'homme civilisé et le sauvage, il y a un gouffre aussi profond qu'entre un animal hautement organisé et l'huître informe attachée au rocher.

Et à chaque pas, dans cette voie, de nouvelles perspectives apparaissent.

Et quand nous essayons de penser à ce que la civilisation progressive peut donner de connaissances à l'homme de l'avenir, l'imagination nous fait défaut.

Dans cette progression qui finit à l'homme, comme dans celle qui commence à lui, nous trouvons les mêmes lois.

Chaque progrès exige un degré *plus élevé d'intelligence.*

Avec les commencements de toute société s'élève le besoin d'intelligence sociale, laquelle forme l'opinion publique, la conscience publique, la volonté publique, et se manifeste par des lois, des institutions et une administration.

Au fur et à mesure qu'une société se développe, un degré de plus en plus élevé de cette intelligence sociale est nécessaire; car les rapports des individus entre eux deviennent de plus en plus intimes et importants, et la complexité croissante de l'organisation sociale fait naître sans cesse de nouveaux dangers.

Dans les commencements grossiers de toute société, chaque famille produit sa nourriture, fait ses habits, construit son habitation, et quand elle change de lieux, procure elle-même ses moyens de transports.

Comparons à cette indépendance l'interdépendance compliquée des citoyens d'une ville moderne : ils peuvent se procurer beaucoup plus facilement les choses nécessaires à la vie matérielle, en plus grande variété et aussi en plus grande abondance que les sauvages ; mais c'est par la coopération de milliers de personnes : même l'eau qu'ils boivent et la lumière qui les éclaire leur sont apportées par le moyen de machines compliquées qui exigent le labeur continuel et la surveillance incessante d'un nombreux personnel.

Ils peuvent voyager avec une rapidité vertigineuse, inconnue au sauvage ; mais alors ils doivent remettre à d'autres le soin de leur existence :

Un rail brisé, un mécanicien ivre, un aiguilleur négligent, peuvent les lancer en un instant dans l'éternité.

Et ce pouvoir d'appliquer le labeur à la satisfaction des désirs passe de la même manière au-delà du contrôle de l'individu.

L'ouvrier de nos jours n'est plus qu'une partie d'une machine qui peut, à chaque instant, être paralysée par des causes qui échappent à son pouvoir et même à sa prévoyance.

Ainsi le bien être de chacun devient de plus en plus dépendant du bien être de tous, et l'individu de plus en plus subordonné a la société.

C'est ainsi que naissent de nouveaux dangers. La communauté naissante ressemble aux créatures qui vivent encore après avoir été taillées en pièces. Une communauté qui a atteint un haut degré de civilisation est semblable à un animal bien développé et bien organisé ; une blessure dans une partie vitale ou la suspension d'une seule fonction entraîne la mort.

Un village de sauvages peut brûler et ses habitants être obligés de fuir; ils trouveront partout ailleurs de quoi subvenir à leurs besoins, parce qu'ils sont habitués de recourir à la nature pour toutes les nécessités de la vie; aussi trouveront-ils partout de quoi se maintenir.

L'homme civilisé, au contraire, habitué au capital, aux machines, à une division minutieuse du travail, devient impuissant quand il se trouve tout à coup privé de ces moyens d'action.

Avec le système que nous avons adopté, soixante personnes aidées de machines compliquées et coûteuses coopèrent à la confection d'une paire de souliers; mais de ces soixante personnes, pas une seule ne serait capable, à elle seule, de faire une paire de chaussures.

C'est la tendance que nous remarquons dans l'industrie et même dans l'agriculture.

Combien de fermières pourraient de nos jours, faire une robe de la laine de leurs brebis ?

Beaucoup de fermières ne font même pas le beurre dont elles se servent dans leurs ménages, pas plus qu'on ne cultive à la ferme les légumes qu'on y consomme.

Il y a un gain énorme dans le pouvoir producteur de cette division du labeur, qui n'assigne à l'individu qu'une faible partie des choses qui lui sont nécessaires et qui le fait dépendre de personnes avec lesquelles il n'est jamais mis en contact ; mais l'organisation sociale en devient de plus en plus sensitive.

Une communauté primitive peut poursuivre son genre de vie uniforme sans éprouver le contre-coup des désastres qui pourraient accabler d'autres colonies situées dans son voisinage immédiat ; mais avec la civilisation compliquée à laquelle nous sommes arrivés, une guerre, une disette, une crise commerciale dans un hémisphère produisent souvent des effets désastreux dans un autre, tandis que des chocs et des secousses dont une communauté primitive recouvre aisément, équivalent souvent à des désastres irréparables pour une communauté civilisée, et ces désastres sont proportionnés au degré de civilisation qu'elles ont atteint.

Nous ne pouvons penser sans terreur aux conséquences désastreuses qu'auraient de nos jours, les conflits sanglants qui remplissent l'histoire ancienne.

Les guerres des nations civilisées depuis le commencement de l'ère de la vapeur et des machines ont été des duels d'armées, plutôt que des conflits de peuples ou de classes.

Le seul exemple que nous ayons de ce qui pourrait arriver si les passions d'une nation qui a atteint un haut degré de civilisation étaient vivement surexcitées, se trouve dans les événements de la Commune. Et depuis, à la connaissance du pétrole est venue s'ajouter celles d'agents plus destructeurs encore.

L'explosion d'un peu de nitro-glycérine dans les conduites d'eau d'une grande ville la rendrait inhabitable en quelques instants. La destruction de quelques ponts ou de certains tunnels produirait dans telle ou telle province, la famine plus rapidement que ne le fit la muraille dont Titus entoura Jérusalem.

L'introduction de l'air atmosphérique dans la canalisation du gaz d'une grande ville ou l'application d'une allumette enflammée à un endroit quelconque du réseau ferait écrouler toutes les maisons et convertirait les rues en autant de tranchées.

La guerre de Trente-Ans fit reculer la civilisation en Allemagne ; de nos jours une lutte semblable la détruirait entièrement.

Les pouvoirs destructeurs n'ont pas seulement augmenté, mais toute l'organisation sociale est devenue infiniment plus délicate.

Dans un état plus simple, le maître et le serviteur, le voisin et son voisin se connaissent, et il y a cet attouchement du coude qui permet de se rallier vivement dans les temps de danger. Mais les tendances actuelles sont de nature à détruire ces liens.

A Paris, et dans toutes nos grande villes, les habitants d'une même maison se connaissent à peine. Celui qui cherche l'isolement peut, aujourd'hui, le trouver plus sûrement au sein d'une grande ville que dans un désert.

Notre civilisation qui paraît produire la force par l'organisation de ses différents éléments, N'ENGENDRE *que des forces destructives.*

Ce ne sont plus, comme autrefois, les forêts impénétrables, les routes désertes et les cavernes inaccessibles qui servent de refuge aux barbares qui seront, à un moment donné, à la civilisation nouvelle, ce que les Vandales et les Goths ont été à l'ancienne : ce sont nos grands centres de population qui les nourrissent, les abritent et souvent les enrichissent. Nous ne devons pas oublier que le sauvage vit toujours dans l'homme civilisé.

Les hommes qui, dans le passé, opprimés ou révoltés, combattirent jusqu'à la mort avec fureur ou désespoir, brûlant les villes et renversant les empires, étaient des hommes semblables à ceux que nous coudoyons journellement.

Le progrès social a accumulé les connaissances, adouci les mœurs, raffiné les goûts et étendu les sympathies ; mais l'homme est encore capable d'une rage aussi aveugle que lorsqu'il taillait ses vêtements dans la peau des bêtes sauvages et qu'il attaquait les animaux féroces avec des armes de silex. *Et les tendances actuelles, du moins dans quelques directions, sont de nature à allumer des passions qui ont si souvent éclaté avec une fureur destructive.*

Il n'y a rien dans le passé, que nous puissions comparer aux changements rapides qui s'opèrent dans le monde.

Il semble que dans la race européenne, et au dix-neuvième siècle, l'homme commence seulement à avoir conscience de sa force et qu'il saisit, pour la première fois ses outils pour se mettre à l'œuvre.

La marche lente de colimaçon des temps passés est devenue la vitesse vertigineuse de la locomotive.

Ces progrès rapides ont leur source dans les méthodes industrielles et les pouvoirs matériels. Mais les progrès industriels impliquent des transformations sociales et nécessitent des changements politiques.

Des sociétés progressives sortent des vieilles institutions comme l'adolescent sort des vêtements qu'il porte depuis son enfance.

Le progrès social exige toujours un plus grand degré d'intelligence dans l'administration des affaires publiques ; et d'autant plus grand, que ces progrès sont plus rapides et les changements plus prompts.

Ces changements qui s'opèrent autour de nous font surgir des problèmes qui demandent à être résolus sans retard.

Des symptômes de dangers, avant-coureurs de violences, apparaissent partout dans le monde civilisé :

LA FOI MEURT, LES CROYANCES CHANGENT ET LES VIEILLES FORCES DU CONSERVATISME DISPARAITRONT BIENTOT POUR NE LAISSER AUCUNE TRACE DE LEUR EXISTENCE.

Des institutions politiques sérieuses font défaut dans tous les gouvernements de l'Europe.

Il y a dans les masses, quelle que soit la forme politique qui les régisse, un malaise et un mécontentement qui vont sans cesse en augmentant, et un besoin aveugle d'échapper à une situation devenue intolérable.

Les problèmes qui se présentent à nous de toutes parts sont graves; si graves en effet qu'il est à craindre qu'ils ne puissent être résolus à temps pour prévenir de grandes catastrophes. Mais leur gravité provient surtout de ce que nous ne voulons pas les reconnaître et de notre négligence à en chercher la solution.

MAIS QUELLE EST CETTE LOI DU PROGRÈS HUMAIN QUI ENGENDRE SANS CESSE DE NOUVEAUX DANGERS? QUELLES EN SONT LES CONDITIONS ESSENTIELLES ET QUELS SONT LES AJUSTEMENTS SOCIAUX QUI L'AVANCENT, LE RETARDENT OU L'ENTRAVENT? Nous n'avons qu'à ouvrir les yeux pour la découvrir.

Les incitateurs du progrès humain sont les désirs inhérents à la nature humaine; ils forment trois ordres parfaitement distincts; ce sont :

Les désirs de satisfaire les besoins de la nature intellectuelle ;

Les désirs de satisfaire les besoins de la nature sympathique ;

LES DÉSIRS DE SATISFAIRE LES BESOINS DE LA NATURE ANIMALE.

En d'autres termes, cette loi du progrès humain a sa source dans le désir DE SAVOIR, DE FAIRE et D'ÊTRE ; désirs que l'infini même ne saurait satisfaire, car ils se multiplient et se nourrissent de ce qui les fait naître.

Mais dans cette dernière moitié du dix-neuvième siècle, qui marquera le point culminant d'une période critique dans la vie des nations européennes, les deux premiers ordres, qui agissaient comme modérateurs dans l'évolution du progrès humain, ont disparu de la scène et il ne reste que le troisième ordre de désirs : CEUX DE SATISFAIRE LES BESOINS DE LA NATURE ANIMALE. C'est aujourd'hui, paraît-il, le seul élément de progrès de notre civilisation tant vantée, tant admirée et qui cependant entraîne après elle, avec une rapidité vertigineuse, la vieille race européenne vers la destruction. Déjà nous apparaît un déchaînement de crimes effroyables qui déshonorent l'espèce humaine.

Il semble, à voir les abominations qui se commettent journellement, que les forces qui suffisaient autrefois pour gouverner et diriger les masses ont perdu leur vitalité !

LA LUTTE POUR L'EXISTENCE ASSUME DE NOS JOURS DES PROPORTIONS MONSTRUEUSES, et nous ne sommes plus seulement exposés à tomber sous le poignard d'un vulgaire assassin qui convoite notre bourse; *nous sommes menacés dans ce que nous avons de plus cher et de plus précieux par des empoisonneurs patentés qui livrent à la consommation, et falsifiées, les denrées alimentaires essentielles au maintien de la vie.* Et malgré la chasse que leur font les laboratoires municipaux, le nombre de ces falsificateurs augmente de jour en jour parce que les peines qu'on leur inflige sont trop faibles pour les décourager. Pourquoi faire une distintion entre l'empoisonneur qui détruit successivement les sources de la vie en falsifiant les aliments qui servent à la soutenir, et celui qui la détruit d'un seul coup?

Pourquoi faire une distinction entre ceux-ci et ceux-là, en accusant les premiers d'un simple délit et les derniers d'un crime, quand la mort est le résultat des méfaits des uns et des autres?

Les plus coupables sont les falsificateurs de denrées alimentaires, attendu que le nombre de leurs victimes est plus considérable.

IL MEURT ANNUELLEMENT EN FRANCE CENT MILLE PERSONNES

DE MALADIES PRÉVENTIVES QU'ON PEUT ATTRIBUER A UNE ALIMENTATION DÉFECTUEUSE, A DES ALIMENTS MALSAINS ET SOPHISTIQUÉS!

Et quels châtiments inflige-t-on à la légion d'empoisonneurs qui font à la mort cette hécatombe annuelle?

UNE SIMPLE AMENDE! QUAND ILS MÉRITENT AU MOINS LES TRAVAUX FORCÉS.

Si l'on ne tient pas compte des affections de famille, du vide et de la misère que la plupart de ces malheureuses victimes laissent derrière elles, on devrait au moins prendre en considération un danger d'un ordre plus élevé, parce qu'il menace l'existence de notre nationalité, ainsi qu'on le verra dans le chapitre suivant.

CHAPITRE II

Le mouvement de la population en Europe.

Des mille et une maladies qui rampent comme autant de bêtes féroces autour du berceau d'un enfant, il en est peu qui ne soient fatales à moins que d'être prises au début.

Et nous pourrions citer des centaines de cas, dans les différentes classes de la société, d'enfants ayant toutes les apparences d'une santé irréprochable, dont la vue seule évoquait de riantes images dans l'avenir, et des rêves de bonheur, disparaître en quelques jours, laissant après eux, un morne désespoir dans le cœur de la pauvre mère, et un vide affreux sous le toit qu'ils avaient égayé de leurs premiers sourires...

A Paris, comme dans tous nos grands centres de population, la mortalité des enfants du premier âge atteint des proportions effrayantes ! Quelles sont les causes qui font de ces chers innocents un tel massacre ?

En cas de malaise, le médecin est souvent appelé trop tard au chevet du petit malade, ses prescriptions sont généralement mal administrées, et les soins des mères, qui constituent ce qu'on peut appeler l'hygiène de l'enfant, sont, dans beaucoup de cas, plus nuisibles qu'avantageux à la santé de leurs nourrissons, malgré qu'elles se donnent beaucoup de peine, croyant bien faire, et quoiqu'elles y mettent tout l'amour que peut renfermer le cœur d'une bonne mère.

Aussi souhaiterions-nous voir s'ouvrir, dans tous nos chefs-lieux d'arrondissement, des conférences ayant pour but d'instruire les mères de familles dans les soins à donner à leurs enfants généralement, et dans certains cas déterminés, sur le traitement préliminaire à suivre, ou les précautions à prendre en attendant l'arrivée du médecin, surtout d'un médecin expérimenté et d'une compétence reconnue dans les maladies d'enfants.

La mise en pratique d'un pareil projet est assez facile ; cependant, nous doutons du succès qu'aurait l'entreprise, attendu que peu de mères, et principalement celles qui en ont le plus besoin, pourraient y assister. Une bonne ménagère a peu de loisirs, et celle qui manque d'ordre en a encore moins.

Le seul moyen qui nous paraisse pouvoir lever cette difficulté, l'absence, même de courte durée, de la mère, serait de publier des *Causeries médicales* dégagées de tout jargon scientifique, de toute expression technique, de façon à les rendre familières, même aux mères de familles dont l'éducation est des plus élémentaires, dans un journal local d'un prix accessible à toutes les bourses.

Un tel arrangement donnerait satisfaction à tous et produirait bientôt, croyons-nous, d'excellents résultats. Les mères de famille pourraient le collectionner, et il y aurait ainsi dans chaque famille un conseiller désintéressé, sûr et toujours prêt à répondre à point. Ce serait une sauvegarde pour les enfants, pour les parents une sécurité et ils pourraient par ce moyen assurer leur repos, leur bonheur souvent, en arrêtant à son début une maladie pouvant avoir une issue fatale à court délai, ou laisser des traces indélébiles sur ces frêles organisations.

— Nous n'avons parlé jusqu'ici que des dangers qui menacent la première enfance au point de vue des affections de familles ; et cependant, dans tout pays civilisé, la naissance et la mort d'un enfant ont une influence considérable sur les destinées de ce pays.

C'est ce que nous allons essayer de démontrer.

Nous traiterons plus loin la *question des enfants* au point de vue intellectuel et moral ; nous n'envisagerons, dans cet exposé, que les conséquences matérielles qu'une mortalité excessive doit avoir pour notre pays, dans un avenir dont la proximité nous effraie.

En France, la mortalité des enfants en bas âge varie entre 160 et 600 par mille, selon les milieux où les jette le hasard de la naissance. En Allemagne, la mortalité des enfants du premier âge est de 165 par mille ;

En Angleterre, elle est de 140 par mille ;

En Russie, elle est de 650 par mille, également ;

Et malgré cet effrayant tribut que l'enfance paye à la mort en Russie, la population de ce pays se double en 58 ans :

Il naît annuellement en Russie :

Enfants du sexe masculin................	1.619.108
Enfants du sexe féminin................	1.544.297
Soit un total annuel de naissances de.......	3.163.405

Il meurt annuellement :

Enfants du sexe masculin	1.214.468
Enfants du sexe féminin..................	1.167.928
Soit un total annuel de décès de............	2.382.396
L'excédent annuel des naissances sur les décès est de..................................	781.009

A ce taux, ainsi que nous l'avançons plus haut, la population de la Russie, qui est supérieure à 80 millions d'habitants, se double en 58 ans.

En faisant le même calcul pour la Suède et la Norvège, nous trouvons que la population de ces pays se double en 62 ans.

Que celle de la Belgique se double en 79 ans.

Celle de l'Autriche	—	95 —
Celle de la Suisse	—	99 —
CELLE DE L'ALLEMAGNE,	—	68 —

La population de l'Angleterre, — Grande-Bretagne, Ecosse, Irlande, qui est actuellement de 36 millions d'habitants, — augmente de 400.000 habitants par an. Elle sera donc, dans quinze ans, c'est-à-dire à la fin de ce siècle, de 42 millions d'habitants.

Les colonies anglaises comptent 270 millions d'habitants. En faisant pour la France le calcul que nous avons suivi pour les autres Etats de l'Europe, NOUS TROUVONS QUE CHEZ NOUS, LA POPULATION NE SE DOUBLE QU'EN 165 ANS...

Nous laissons à penser ce que doit être la mortalité sous ce climat si bien tempéré, l'un des plus beaux de l'Europe et qui réunit toutes les conditions voulues, tous les avantages nécessaires pour en faire une véritable pépinière d'hommes. — Et cependant, quand on considère le taux élevé de la mortalité et le nombre si restreint des naissances, on est porté à croire qu'on ne respire, sous ce beau ciel, qu'une atmosphère empoisonnée.

Ainsi, lorsque la France aura 72 millions d'habitants, dans 165 ans, la Russie en aura 240 millions; l'Angleterre 102 millions, sans ses colonies; et l'Allemagne, notre irréconciliable ennemie et notre rivale sur tous les marchés du globe, en aura 130 millions. On peut voir, par ce qui précède, que nous nous trouvons dans des conditions très grandes d'infériorité numérique, et par conséquent dans une situation fort inquiétante, pour l'avenir, à l'égard des autres nations de l'Europe.

Ce n'est pourtant pas l'espace qui nous manque en France pour nous développer, nous étendre et prospérer; car il n'y a, dans notre beau pays, si admirablement situé, si généreusement doté par la nature, que 68 habitants par kilomètre carré.

Tandis qu'on en compte en Belgique	442;
En Saxe, Allemagne,	441;
En Angleterre,	422;
En Italie,	234;
Dans les Pays-Bas,	239;

Il n'y a rien d'éloquent comme les chiffres; et dans la statistique comparative à laquelle nous venons de nous livrer, leur éloquence est loin de nous rassurer pour l'avenir de notre pays.

Qu'est-ce, en effet, qu'une durée de 165 ans dans l'existence d'une nation?

Il ne saurait être douteux pour personne qu'un grand danger nous menace de ce côté; il s'avance sur nous comme l'ombre sur un cadran solaire, dont nul œil ne peut suivre la marche, mais dont l'arrivée à un certain point et à un moment donné est inévitable.

De même, ces maladies qui dévorent nos enfants par centaines de mille et qui, cependant, ne paraissent en rien diminuer notre population, la détruisent pourtant avec une rapidité silencieuse qui nous inquiète pour l'avenir réservé à notre belle patrie.

Quelque sombre qu'il nous apparaisse aujourd'hui, nous pouvons encore écarter le danger qui menace l'existence de notre nationalité ; une volonté ferme et soutenue, trouve toujours une voie, un moyen, une issue. La volonté n'est pas ce qui nous manque le plus ; c'est la constance, c'est la persévérance dans les bonnes résolutions que nous prenons si souvent. Mais quelles que soient les dispositions de notre esprit, n'oublions pas que nous n'avons qu'un siècle et demi pour accomplir l'œuvre de génération nationale que nous souhaitons tous avec une égale ardeur.

Un homme politique sans scrupules a dit que « *la force prime le droit*. » et il a fait de ces quelques mots la base de sa politique astucieuse ; ses compatriotes en ont fait leur devise, et les puissances de l'Europe en ont fait un axiome politique que toutes ont érigé en principe.

Cette insolente bravade, qu'un Teuton bouffi d'orgueil a lancée comme un défi à la France outragée, est une menace permanente qui oblige les nations européennes à dépenser annuellement quatorze milliards de francs pour l'entretien de leurs armées, et retire en même temps aux travaux de l'agriculture, à l'industrie, au commerce, quatorze millions d'hommes.

Pourquoi ces armements ruineux ?

C'est qu'avec de pareils principes, aujourd'hui généralement acceptés, *l'avenir est en effet à la nation la plus nombreuse et la plus forte*. Aussi, malheur aux faibles et à tous ceux qui n'auront que des moyens insuffisants de défense quand les forces volcaniques qui fermentent aujourd'hui chez toutes les nations éclateront, déchaînant des passions populaires féroces qui briseront et détruiront les forces qui auront perdu leur vitalité.

L'épée deviendra plus puissante que la plume, et des carnavals de destruction, de forc- brutale et de frénésie sauvage se produiront alternativement avec la léthargie d'une civilisation chancelante ; tel est l'avenir que ces maximes nous préparent.

Il ne suffira pas à nos arrière-neveux de savoir *comment* défendre leur patrie, leurs foyers, la vie de leurs enfants, la leur, *il leur faudra pouvoir le faire en opposant la force à la force et les nombres aux nombres*. Et c'est à nous de leur en préparer les moyens. — Ce que nous pouvons faire en préservant la santé, en conservant à la vie ces chers petits êtres qui entrent dans nos demeures comme des rayons de divine lumière et d'espoir dans l'avenir... En raison de la gravité que cette *question des enfants* assume pour l'avenir de notre pays, nous croyons qu'il est du devoir supérieur des mères de famille de donner toute leur attention à l'hygiène et au gouvernement de leurs enfants ; car il y a là, pour ceux-ci, une question de vie ou de mort ; et pour nous tous, c'est-à-dire pour la France, une *question d'être ou de ne pas être dans* l'avenir.

Cette question, est avant tout, la *question des mères* et la plus importante sur laquelle on puisse appeler l'attention non seulement des parents, mais aussi de tous ceux qui aiment réellement leur pays et qui désirent son amélioration. Et disons-le, une fois pour toutes, cette *question d'intérêt social* a été beaucoup trop négligée jusqu'ici. Elle a été laissée à l'entière discrétion des mères de famille, et c'est une tâche au-dessus des forces et des capacités intellectuelles du plus grand nombre.

Combien de mères abordent, sans aucune connaissance préalable, les devoirs sacrés de la maternité, et sans même y avoir jamais songé ! comme si l'on pouvait apprendre de tels devoirs par intuition, par instinct ou par affection !

Elles s'aventurent sans gouvernail ni boussole sur un océan semé d'écueils, et un jour, jour à jamais néfaste, *l'espoir* qu'elles portent avec elles périt sous leurs yeux, par leur fait, et sans qu'elles puissent rien faire pour le sauver.

C'est la mère qui a la responsabilité des soins et de tout ce qui constitue le gouvernement de ses enfants ; c'est-à-dire de leur santé et de leur futur bien-être ; *c'est à la mère qu'incombe la tâche difficile de faire de son enfant* UN HOMME ; *et il dépend presque entièrement d'elle qu'il soit heureux ou misérable.*

Combien d'hommes célèbres doivent à leur mère les qualités qui ont fait leur grandeur ! « La destinée d'un enfant », disait Napoléon Ier, c'est toujours l'ouvrage de sa mère ? Et lui-même aimait à répéter qu'il devait son élévation à sa mère.

Je ne crois pas exagérer la valeur d'un enfant, en disant que c'est le trésor le plus précieux de ce monde.

Pour une bonne mère, un enfant est la source de la joie la plus pure et la plus grande ; c'est aussi le lien le plus fort qui existe entre le mari et la femme.

Bénie soit la mère de qui l'on peut dire : « Elle a fait tout ce qu'elle pouvait pour l'avenir et le bonheur de son enfant. » *Car si une mère n'a pas fait tout ce qu'elle pouvait pour son enfant, mentalement, moralement et physiquement, malheur à la petite créature ! il eût mieux valu pour elle qu'elle ne fût jamais née !*

CHAPITRE III

Influence de la nourriture sur le développement des facultés intellectuelles.

Pour que les espérances que nous fondons dans l'avenir sur nos enfants ne soient point déçues, il est important de leur faire prendre de bonne heure des habitudes de tempérance.

Leur nourriture, jusqu'à ce qu'ils aient atteint un certain développement, doit être en rapport avec leur âge et proportionnée à leur constitution.

Dans la première période de leur croissance le laitage, les légumes et les fruits sont excellents. Les farineux sont très bons pour les enfants, *car ils donnent beaucoup de muscle et peu de feu,* ce qui est très important pour une constitution qui se forme. Qui n'a remarqué la différence qu'il y a entre les enfants des ouvriers et ceux des gens riches, non seulement dans leurs formes, mais aussi dans leurs manières? Ceux-ci ont une gravité qui n'est pas de leur âge et qu'une société raffinée admire et loue outre mesure. Ils n'ont pas, il est vrai, dans leurs jeux, l'emportement vulgaire et bruyant des enfants pauvres. Qu'est-ce que cela prouve, sinon que leur cerveau a été discipliné prématurément et qu'on l'a surchargé de pensées d'un âge plus avancé ? A quoi, sinon à la simplicité de sa nourriture, l'enfant de l'ouvrier doit-il d'être léger, gai, naturel, d'avoir, en un mot, le caractère de son âge ? — Il n'en est pas ainsi des enfants des gens riches : ils ont les manières, l'ambition, les soins, les craintes et les espérances d'un âge plus avancé. Et s'ils vivent et qu'ils atteignent l'âge viril, ils ont alors une part double de soucis et n'ont qu'une constitution déjà fatiguée pour les supporter.

Leur existence est souvent misérable, et les semences de tristesse et d'anxiété, qu'ils portent pour ainsi dire en eux, sont transmises de génération en génération.

Une nourriture trop forte pour leur age et des études commencées trop tot, mettent chez eux les facultés mentales en activité avant qu'elles ne soient préparées pour l'action.

Les viandes et les mets azotés dont ils font un usage journalier, causent souvent un développement disproportionné de ces facultés.

C'est généralement le cas lorsqu'un enfant a hérité quelque chose de trop de l'un des parents et quelque chose de trop peu de l'autre. Ses forces n'étant pas bien équilibrées ne croissent pas uniformément. Il y en a qui sont arrêtées dans leur développement par suite d'une nourriture trop riche *et mal ordonnée*, vu la faiblesse de ces organes ; tandis que d'autres se développant trop rapidement et étant développées *prématurément*, donnent de bonne heure des signes d'activité et produisent un enfant *phénomène, trop intelligent pour son âge*. Les parents et l'instituteur, trompés par cette *apparente* habileté, le soumettent quelquefois à un travail au-dessus de ses forces et sous lequel il *s'évertue* jusqu'à ce qu'enfin la *machine*, dont les rouages sont mal assemblés, *se brise !...*

De telles constitutions sont toujours prédisposées à un épuisement prématuré, à moins d'être dirigées savamment ; quand elles sont épuisées, *rien* ne saurait en réparer les pertes, et la société se trouve encombrée d'une nullité de plus.

Et cependant, la vie matérielle de telles individualités ne subit aucun changement notable, et leur développement continue comme si rien d'anormal n'était survenu, et elles deviennent de véritables énigmes pour ceux qui en ont la direction et la responsabilité.

Pourquoi la supériorité intellectuelle et physique, que l'enfant du pauvre a sur l'enfant du riche, dans le premier âge de la vie, ne persiste-t-elle pas après qu'il a atteint sa neuvième ou sa dixième année ? Est-ce parce qu'il commence à comprendre qu'il appartient à une race inférieure et qu'il ne peut jamais espérer devenir autre chose qu'un ouvrier ou un domestique, et que, perdant son ambition, il cesse de se maintenir ?

Non.

C'est qu'étant l'enfant de gens pauvres, sans culture intellectuelle et sans ambition, les influences de la famille agissent puissamment sur lui.

Nous croyons qu'il est à la connaissance de tous, que dans la première partie de l'éducation, les enfants nés de parents ignorants, apprennent aussi bien que les enfants nés de parents qui ont reçu une éducation soignée ; cependant, ceux-ci prennent bientôt les devants et deviennent des hommes, et des hommes notablement plus intelligents que les premiers.

La raison en est facile à comprendre.

Ils vont de pair, quant aux éléments qu'ils apprennent à l'école ; mais au fur et à mesure que leurs études deviennent plus complexes, les enfants qui, à la maison, entendent parler du bon français, assistent à des conversations intelligentes, ont l'accès d'une bonne bibliothèque et peuvent obtenir des réponses exactes et sensées à leurs questions, ont un avantage qui doit nécessairement les mettre bientôt au-dessus de leurs camarades moins favorisés sous le rapport des influences familiales.

De ce qui précède, nous pouvons conclure que la nourriture des enfants, à l'école ou en famille, doit être l'objet de soins tout particuliers ; car elle n'est pas moins importante qu'une bonne éducation, pour le développement harmonieux de leurs facultés intellectuelles.

CHAPITRE IV.

La mère de famille et le progrès social.

Dans les chapitres précédents, nous avons étudié la question des enfants du premier âge dans ses rapports avec l'économie politique ; dans celui-ci, nous l'envisagerons au point de vue de la morale.

Pour combattre avec quelque chance de succès le danger que nous apercevons dans la constitution actuelle de notre société, *danger dérivant du progrès social*, il faut en rechercher l'origine, en connaître les causes et en déterminer la nature. C'est ce que nous allons essayer de faire dans ce chapitre.

Ce danger provient de causes multiples :

Il y a d'abord l'accroissement continu de la misère d'où jaillissent les difficultés sociales, industrielles et politiques qui rendent perplexes à si juste titre nos hommes d'Etat et nos philanthropes. Il y a ensuite les progrès matériels et intellectuels qui ont marqué les dernières années de ce siècle.

Il y a enfin le défaut presque absolu de culture, chez la femme, de ce sens complexe qu'on appelle intelligence sociale et dont le développement n'a pas marché de pair avec le développement du progrès social qui a créé de nouveaux besoins, refondu les croyances et déplacé les conceptions les plus fondamentales de l'esprit humain.

De tels changements exigent, de la part des citoyens, beaucoup plus de discernement, d'intelligence et de *dévouement à la chose publique* que dans un état de civilisation moins avancée.

Les rapports des individus entre eux devenant de jour en jour plus intimes et plus importants, la complexité croissante de notre organisation sociale fait naître sans cesse de nouveaux dangers, le bien-être de chacun devient de plus en plus dépendant du bien-être de tous, et l'individu de plus en plus subordonné à la société.

Le danger social qui résulte de ces changements a-t-il été compris par nos pédagogues dont les méthodes, du moins en ce qui concerne l'éducation de la femme, ont à peine été modifiées dans ces derniers temps, dans le sens des exigences sociales actuelles. Car, si l'on en excepte la musique dont l'étude s'est beaucoup développée, la peinture, certains travaux à l'aiguille et au crochet, que l'on peut classer parmi les arts d'agrément, son éducation familiale est encore aujourd'hui ce qu'elle était il y a un demi-siècle. Et cependant, les changements survenus dans nos mœurs depuis cinquante ans, exigent une éducation de famille bien différente de celle qui suffisait à une femme il y a un demi-siècle.

La mère a bien plus à faire que le père dans la formation du caractère de ses enfants avec lesquels elle est constamment en rapport.

C'est ce contact de tous les instants qui est la base de l'éducation maternelle, ou de famille, qui peut seule mettre un jeune homme ou une jeune fille à même d'affronter les dangers auxquels ils sont si souvent exposés dans le monde, où des pièges subtils sont constamment tendus à l'inexpérience, à la bonne foi et à la vertu.

*
* *

Nous avons parlé, dans le premier chapitre de cet opuscule, de la mortalité qui exerce de si terribles ravages parmi les enfants du premier âge, et nous ne nous occuperons ici que du sort qui attend, dans le monde, ceux qui échappent à cette affreuse hécatombe et quittent la maison paternelle sans avoir été bien préparés pour faire face aux dangers qu'ils rencontreront à chaque pas, quand ils seront livrés à eux-mêmes.

Il y a en France deux millions cinq cent mille femmes qui *se sont vouées, publiquement,* à l'infamie (de quoi peupler de ces malheureuses une ville plus grande que Paris) et nos jeunes gens se laissent draîner comme de mauvaises terres par ces « cocottes », d'aucuns disent « horizontales » qui grouillent dans nos grands centres de population et les infectent ; exerçant avec autant d'impudence que de cynisme, leur infâme métier : dissipant bestialement des richesses presque toujours péniblement acquises, et ne laissant à ceux qu'elles ont dépouillés qu'une constitution ébranlée, une intelligence amoindrie, et un esprit saturé d'un égoïsme qui enveloppe ces malheureux comme un suaire qui étouffe en eux ce qu'il y a de plus noble, de plus beau, de plus élevé dans la nature humaine.

Nos mœurs sont à ces malheureuses ce qu'un humus fécond est aux plantes vénéneuses ; elles y pénètrent profondément, y prospèrent, s'épanouissent et s'étalent au grand jour, avec un cynisme qui indique la profondeur de leur dépravation et l'étendue du mal dont ces femmes déchues sont l'incarnation.

Nos jeunes gens n'ont plus d'enthousiasme que pour les artifices des ces pieuvres sociales, dont le genre de vie ne saurait être dépeint que par un *rhyparographe*.

Ils s'étiolent dans ces boudoirs de truandes comme des plantes dans une serre surchauffée ; ils s'y imbibent de niaiseries et s'y abêtissent au point d'en arriver à se glorifier de néologismes tels que « *pschutt !!!* » Sans doute les soins et l'éducation d'une mère ont manqué à ces malheureuses, qui sont une plaie sociale hideuse et un danger permanent pour la société. Ah ! prenons-y garde ! Ces mœurs qui se sont imposées à nous et que des lois spéciales régissent ont pourri la société romaine, et nous ne sommes pas plus invulnérables que les Romains.

C'est à la femme, c'est à la mère de famille qu'il appartient d'extirper ce mal peu à peu : Seule, une mère, aura ce pouvoir.

Mais aussi longtemps qu'elle entreprendra les devoirs sacrés de la maternité sans y avoir été soigneusement préparée, ses enfants deviendront des proies faciles pour la destruction morale. *Avec notre système actuel d'éducation, il faut que la mère s'en remette au hasard du bonheur futur de ses enfants ; le hasard est aujourd'hui le génie familier de la plupart des familles, et beaucoup n'ont pas d'autres dieux pénates.*

Que tous ceux qui sont revêtus à un titre quelconque d'autorité sur les enfants, soit comme pères, patrons, instituteurs ou tuteurs, se pénètrent bien de cette vérité qui est devenue un axiome social chez toutes les nations qui ont produit les plus grands poètes, artistes, architectes, peintres, philosophes, rhétoriciens, soldats, hommes d'Etat : *qu'il est aussi impossible qu'une société existe longtemps sans une foi religieuse bien définie, que de faire tenir une pyramide en équilibre sur son sommet.*

Pourquoi les Juifs, dit M. Henry Georges, ont-ils maintenu la pureté de leur sang plus longtemps et plus scrupuleusement qu'aucune autre race ? Et pourquoi, quoique répandus sur toute la surface de la terre depuis tant de siècles, ont-ils conservé ce caractère distinctif, ce type uniforme qui les fait connaître en tous lieux et à première vue ? Pourquoi ont-ils résisté pendant vingt siècles aux influences dissolvantes auxquelles ils ont été constamment exposés pendant cette longue succession de générations ?...

La raison en est simple : c'est à leur foi religieuse qu'ils doivent d'avoir conservé partout, et toujours, la distinctivité de leur race. C'est cette foi religieuse dont les enfants juifs héritent, non comme ils héritent de leurs caractères physiques, mais par des préceptes et des associations qui ont permis aux Juifs de former partout une communauté au milieu d'autres communautés. C'est ainsi que s'est élevé et maintenu un certain environnement particulier qui leur donne un caractère distinctif. Leurs mariages ont été les effets, non les causes de ceci. Et ce que la persécution n'a jamais pu accomplir arriverait par l'affaiblissement de leur foi religieuse.

Il ne faut pas être doué d'une grande perspicacité pour prévoir ce qui arrivera fatalement, s'il n'y a pas dans l'éducation de la femme, des changements préparés en vue du rôle qu'elle est appelée à jouer dans les destinées de son pays, comme mère et comme institutrice.

Les enfants qu'elle élève et dont elle doit former le caractère seront les médiums entre nous et l'avenir. Ils auront à transmettre aux générations futures, les connaissances accumulées, les fruits de notre expérience, et les bienfaits d'une civilisation qui a coûté à nos pères tant de souffrances et de sang !...

Ils seront un jour instituteurs, législateurs, chefs d'armée ; c'est-à-dire les gardiens des destinés de leur pays et de son honneur, et à cet égard, une mère ne saurait être trop attentive ni mettre trop de discernement dans les soins et l'éducation qu'elle donne à ses enfants ; et pour mener à bien une tâche si difficile, elle a besoin de se bien préparer à remplir les devoirs sacrés de la maternité et d'être conseillée, dirigée, soutenue par tous ceux qui désirent le bien de leurs semblables et l'amélioration de leur pays.

CHAPITRE V

Les influences de la famille.

L éducation d'un enfant se compose :

1° De ce qu'il gagne par un développement soigneux des bonnes qualités qui sont en lui ;

2° De ce qu'il reçoit des influences extérieures.

Il suit de là que les enfants doivent, autant que possible, n'être mis en contact qu'avec des personnes qui unissent la force de caractère à la bonté, et qui, partant, commandent leur respectueuse admiration.

Si tel est le caractère général des influences qui les entourent, et surtout s'ils voient que c'est là l'espèce de caractère qui gagne l'estime de ceux qu'ils aiment et qu'ils honorent, ils acquerront insensiblement du dégoût pour ce qui est bas, mesquin et égoïste, comme l'enfant habitué à la propreté, regarde avec répugnance des habitudes malpropres. De même celui qui est élevé dans une atmosphère de vigueur mentale et de pureté morale ne se laissera pas aller à des satisfactions méprisantes et personnelles ; à une négligence réfléchie et au manque de principes dont il n'aura que trop d'exemples sous les yeux.

Beaucoup d'enfants sont gâtés par des parents qui font ressortir, toutes les fois qu'ils en ont l'occasion, le petit savoir de ces petites merveilles qui s'éveillent à la vie. Ceux-ci voyant l'étonnement qu'ils causent et recevant des louanges exagérées pour ce qui ne leur a coûté aucun effort, il n'est pas étonnant qu'ils deviennent vains, orgueilleux, désagréables, et qu'ils concluent, qu'étant si bien doués et privilégiés par la nature, ils n'ont nul besoin de se soumettre au travail pénible que ceux d'entre leurs compagnons moins favorisés sont condamnés à accomplir.

Il est certain que dès qu'un enfant se met de pareilles idées dans la tête ; s'il croit qu'il fait exception à la règle, — ses progrès cesseront ; — son développement intellectuel s'arrêtera et il perdra enfin toute la valeur distinctive qu'il possède.

Les qualités qui sont les plus attrayantes dans l'enfance ne sont pas toujours, tant s'en faut, celles qui ont le plus de valeur dans l'âge mûr. — Nous aimons les enfants doux, soumis, obéissants, qui ne se soucient pas de rien décider pour eux-mêmes et dont la faible volonté est rendue plus faible encore en lui refusant tout exercice. — Cependant, quand ils grandissent, qu'ils entrent dans le monde et cèdent aux tentations qui les assiègent de toutes parts et qu'ils disgracient eux et leurs familles, nous les regardons avec un étonnement stupide et nous ne pouvons revenir de ce que des enfants si bons se soient ainsi pervertis ! quand, en réalité, leur carrière n'est que le résultat de leur éducation !

Toutes les bonnes qualités qui sont nécessaires à un homme ou à une femme, sont innées chez l'enfant et n'ont besoin que d'être *développées avec soin et intelligence.* Donc, quand un enfant tourne mal, ceux qui avaient le soin de son éducation sont à blâmer. Le rôle d'un père, d'une mère, d'un tuteur, n'est pas de chérir en lui ce qui est attrayant ou ce qui nourrit leur vanité ou la sienne ; — le devoir du père ou du tuteur est bien plutôt d'étudier les besoins futurs des petits êtres confiés à leurs soins par la nature ou le hasard, et de les aider à se pourvoir de ce qui leur manque *le plus.*

Ce n'est pas ce en quoi un enfant excelle que leurs soins les plus assidus sont exigés, c'est ce en quoi il montre le plus de faiblesse.

Ce ne sera que lorsque les parents et les instituteurs admettront cela, de manière à identifier leurs intérêts les plus chers avec cette distinction importante, que les enfants qui ont des dispositions exceptionnelles tiendront leurs promesses.

Il est rare qu'un enfant qui dort assez, qui a beaucoup d'exercice, de l'air pur en abondance et une nourriture convenable à son âge et *à sa constitution*, soit jamais malade. L'air agit puissamment sur la constitution des enfants : il pénètre leur peau douce et délicate et affecte considérablement ces jeunes organisations en leur imprimant un cachet qu'elles conserveront toujours.

Les parents ne devraient pas laisser leurs enfants dans les grandes villes, et même quand ils les mettent à la campagne, ils feraient bien de s'assurer que l'établissement où il doivent vivre, offre toutes les garanties voulues de salubrité. Il ne suffit pas non plus qu'un chef d'institution soit un homme instruit, car lorsqu'une bonne éducation est contemplée, il faut au précepteur plus que de l'instruction, il lui faut de l'expérience et une grande habitude des enfants. Et un homme au-dessous de trente ans sait à peine ce qu'il faut pour diriger l'éducation d'un enfant et pour une profession où les moindres détails ont une grande importance, par cela seul qu'ils peuvent exercer une influence fâcheuse, pernicieuse ou salutaire sur l'avenir de leurs élèves. Les enfants ont à traverser différentes crises avant que leurs facultés ne soient bien équilibrées. Entre mille défauts, il peut en exister un qui demande à être sévèrement et savamment extirpé. Que fera un instituteur qui n'a pas, dans son expérience, rencontré un cas comme celui qui se présente inopinément à lui ? Son embarras ne sera pas moindre que celui d'un médecin qui se trouve tout à coup en présence d'une maladie nouvelle, inconnue jusqu'alors. Si la perplexité est pour le médecin, le danger est pour son client ; telle est constamment la position d'un enfant entre des mains inexpérimentées.

Un chef mécanicien doit connaître, par expérience, chaque détail des travaux qu'il surveille ; un chef d'orchestre doit avoir étudié tous les éléments de la musique et avoir passé par le travail fastidieux de la pratique ; on exige plus que de la théorie d'un médecin pour lui permettre de pratiquer ; pourquoi ne pas faire preuve de la même circonspection à à l'égard de nos chefs d'institution ? Nos enfants ne seront pas seulement les *pères* de nos petits-enfants, ils seront aussi législateurs, chefs d'armée, instituteurs. Il faut aimer nos enfants avec intelligence et discernement, non seulement pour notre propre satisfaction et le plaisir que nous trouvons en eux, mais aussi et par-dessus tout, parce qu'ils sont les médiums entre nous et l'avenir. Ils auront à transmettre aux générations futures les connaisances acquises, les fruits de notre expérience, la leur, et les bienfaits d'une civilisation qui a coûté à nos pères tant de sang répandu et de souffrances !

Nous admirons les anciens dans ce qu'ils ont fait de grand et nous nous efforçons de les imiter en bien des choses ; mais, pour réussir, nous devons préparer nos enfants pour l'avenir comme ils préparaient les leurs pour accomplir les grandes œuvres qu'ils nous ont laissées. Suétone ne permettait même pas qu'en son absence on procédât à la toilette de son jeune fils. Il y a ici tout un enseignement pour un père de famille. C'est lorsque les facultés d'un enfant sont éveillées qu'il faut le surveiller ; il faut prendre la nature sur le fait afin de pouvoir la corriger et la diriger avec certitude. Nous n'avons pas le *droit* de nous montrer exigeants à l'égard de nos enfants quand nous avons confié leur enfance à des étrangers, à des indifférents. Nous sommes peut-être la seule nation où les femmes de toutes les classes confient leurs enfants à des mercenaires.

Une mère de famille devrait allaiter ses enfants et ne s'en séparer que lorsqu'il est temps de les confier aux soins d'un instituteur. On ne saurait alors être trop prudent, trop attentif dans les soins à donner aux enfants, car de ces soins dépendent son bonheur ou son malheur futur. Il n'y a qu'une seule chose que nous n'oublions jamais à travers les changements et les vicissitudes qui nous attendent dans l'avenir : c'est l'éducation que nous avons reçue en famille, laquelle comprend les soins dont nous avons été l'objet dans notre première enfance et les *exemples* que nos parents nous ont donnés, car les enfants *apprennent plus par les yeux* que par les oreilles. Avec eux et devant eux, il faut dire peu, *mais bien faire*. Si ces souvenirs de notre première enfance ne sont pas purs ni sains, notre existence s'écoulera dans un cercle d'incertitudes, d'hésitations et de hasards. Nous traverserons ce monde comme des navires *sans gouvernail* sur une mer orageuse, sans pouvoir nous diriger ; nous serons les jouets, les instruments passifs des événements, ou qui pis est, d'hommes sans scrupules dont notre société fourmille. Chez les sauvages, un enfant qui serait élevé comme nous élevons les nôtres, comme la plupart des parents élèvent les leurs, ne courrait aucun danger, mais chez nous ! Il semblerait que nous élevons nos enfants *pour* en faire des malheureux. Nous devrions mettre plus d'intelligence et de discernement dans les soins que nous leur donnons, que nous leur faisons donner, devrais-je dire, pour être plus exact. Nous devrions chercher à assurer leur *bonheur* (qu'on veuille bien prendre ce mot dans le sens que j'y attache), *par tous les moyens possibles*, même au prix des plus grands sacrifices, et ne jamais perdre de vue que cet enfant est né *pour* être heureux. Il a en lui, en venant au monde, toutes les bonnes qualités qui doivent assurer son bonheur; c'est à nous, c'est à ses parents à les.bien développer ; qu'ils prennent garde de laisser étouffer ces fleurs par les orties au milieu desquelles elles vont se trouver transplantées!

En assurant ainsi leur bonheur dans l'avenir au prix de *légers* sacrifices dans le présent, nous assurons en même temps notre sécurité, notre repos et nous mettons une sauvegarde à notre honneur, dans un avenir où la force et l'énergie nous manqueront pour la lutte et la réparation.

Je ne puis conclure ce chapitre sans parler d'un agent essentiel au bonheur de nos enfants et que trop de gens par négligence, indifférence, ou entraînés par l'exemple, paraissent perdre de vue. Ce serait de l'aberration que de vouloir élever nos enfants sans une foi religieuse bien définie ; ce serait détruire en eux ce qu'il y a de meilleur dans la nature humaine ! Sans religion, il n'y a pas de sécurité pour *la famille*. Il faut bien nous garder de leur enseigner des dogmes auxquels ils ne pourront plus croire dès qu'ils sauront raisonner ; mais des vérités éternelles qui élèveront l'enfant au fur et à mesure que son intelligence se développera, que sa raison se formera et que son jugement prendra de l'essor, parlons à nos enfants d'une religion qui enseigne à l'homme, non pas à vivre pour sa gratification personnelle, pour la luxure, le confort, le gain ; mais à se dévouer au bien de ses semblables, au bonheur et à l'amélioration de son pays. A moins qu'un homme ne croie en quelque chose de bien plus élevé que lui-même, en quelque chose d'infiniment plus pur et plus grand qu'il ne peut espérer devenir ; à moins qu'il n'ait l'instinct d'un ordre au-dessus de ses rêves, de lois au-dessus de sa compréhension ; de beauté, de bien, de justice, à côté desquels ses propres conceptions ne sont que ténèbres, il échouera dans les formes élevées de son ambition.

CHAPITRE VI

Des influences extérieures (1).

Un examen attentif des différences qui existent parmi les différents peuples de la terre, à des degrés différents de civilisation, *nous démontre qu'elles* ne peuvent être attribuées aux différences innées chez les individus composant ces communautés.

On ne peut nier qu'il existe des différences naturelles, ni que ce qu'on appelle transmission héréditaire de particularités existe. Mais les grandes différences entre les hommes dans des états différents de société ne peuvent être attribuées à ce fait ni expliquées de cette manière.

L'influence de l'hérédité, qu'il est de bon ton aujourd'hui d'exalter, n'est rien, comparée aux influences qui façonnent le caractère d'un homme dans le commerce qu'il a dans le monde avec ses semblables.

Qu'y a-t-il de plus enraciné dans les habitudes que le langage, lequel ne devient pas seulement un jeu automatique des muscles de l'appareil vocal, mais le médium de la pensée ? Y a-t-il quelque chose qui persiste plus longtemps ou qui montrera plus vite la nationalité ? Cependant nous ne naissons pas avec une prédisposition pour aucune langue spéciale. Notre langue maternelle n'est notre langue maternelle que parce que nous l'apprenons dès notre enfance.

Quoique ses ancêtres aient parlé et pensé dans une langue pendant une longue suite de générations, un enfant qui n'entend d'abord rien d'autre, apprendra avec une égale

(1) Voir Henry Georges. *Progrès et Pauvreté.*

facilité n'importe quelle langue. Il en sera de même de toutes autres particularités : nationales, locales ou de classe, elles paraissent être le résultat de l'éducation et d'habitudes, et non pas de transmission.

Des cas d'enfants blancs capturés dans leur enfance par des Indiens, nous donnent des preuves à l'appui de ceci : Ils devinrent des Indiens parfaits. Il en est de même, pensons-nous, des enfants élevés parmi les bohémiens. S'il n'en est pas de même d'enfants Indiens ou d'autres races distinctes, élevés parmi nous, c'est parce qu'ils ne sont jamais traités comme le sont nos enfants. Un maître d'école, qui avait eu, parmi ses élèves, des enfants de couleur, nous dit un jour, que ces enfants avaient l'intelligence plus vive et apprenaient plus facilement que les enfants blancs, jusqu'à l'âge de dix ou douze ans ; mais que, passé cet âge, ils devenaient sombres et indifférents. Il pensait que ceci était une preuve de l'infériorité de la race ; et nous aussi, nous pensions de même alors. Mais nous fîmes plus tard la connaissance d'un nègre doué de talents remarquables, l'évêque Hillery, qui nous dit que : les enfants nègres, quand ils sont jeunes, ne sont en rien inférieurs aux enfants blancs par l'intelligence et qu'ils apprennent aussi facilement que ceux-ci ; mais aussitôt qu'ils sont à même de comprendre ce qu'est leur position sociale, et qu'ils voient qu'on les regarde comme appartenant à une race inférieure et ne peuvent espérer devenir autre chose que des cuisiniers, des garçons de salle ou quelque chose de semblable, ils perdent leur ambition et cessent de se maintenir, et à ceci, il aurait pu ajouter qu'étant les enfants de pauvres gens, sans culture et sans ambition, les influences de la famille agissent puissamment sur eux. Car nous croyons qu'il est à la connaissance de tous que dans la première partie de l'éducation, les enfants des parents ignorants apprennent tout aussi facilement que les enfants intelligents ; mais bientôt, ceux-ci, généralement, deviennent des hommes, et des hommes plus intelligents que les premiers.

La raison en est facile à comprendre.

Prenons un homme qui s'est élevé du rang d'un ouvrier ; son contact et ses rapports avec des hommes d'un esprit cultivé, développeront son intelligence et lui feront acquérir un ton et des manières moins rustiques. Prenons deux frères, fils de parents pauvres, élevés dans la même maison et de la même manière. L'un d'eux embrasse un état grossier et ne s'élève jamais au-dessus d'un salaire qui lui procure de quoi vivre par un labeur pénible, l'autre rentre chez un avoué ou un notaire, etc., comme saute-ruisseau, fait ses débuts dans une direction différente de celle prise par son frère, et il devient finalement un homme prospère comme avocat, marchand ou homme d'affaires. A l'âge de quarante ou cinquante ans, le contraste sera frappant et les gens qui jugeront légèrement, attribueront les succès de celui-ci à des aptitudes exceptionnelles qui lui ont permis de s'élever, tandis que l'autre, moins bien doué, devait nécessairement rester dans une position inférieure.

Le même contraste frappant existerait entre deux sœurs, sous le rapport des manières et de l'intelligence ; si l'une d'elles épousait un homme pauvre et se trouvait sans cesse aux prises avec les difficultés de la vie, tandis que l'autre, ayant fait un bon mariage, serait mise en rapport avec des gens du monde dont les goûts cultivés exerceraient une heureuse influence sur ses manières et son esprit : et ainsi la détérioration est visible. « *Que de mauvaises fréquentations corrompent les mœurs,* » n'est qu'une expression de la loi générale, que le caractère est profondément modifié par ses conditions et son entourage.

Nous nous rappelons avoir un jour vu, dans un port brésilien, un nègre habillé à la dernière mode, mais il était pieds-nus. Nous étions accompagnés d'un matelot qui avait autrefois servi sur un négrier, et selon ses théories, un nègre n'est pas un homme, mais une espèce de singe, il nous montra celui-ci comme une preuve à l'appui, prétendant que c'est contre nature qu'un nègre porte des souliers et qu'à l'état sauvage il ne porterait pas d'habits. Nous apprîmes ensuite qu'il n'était pas de bon ton, parmi les nègres du Brésil, de porter des souliers, comme il n'est pas bienséant aux maîtres d'hôtel (1) en Angleterre de porter des bijoux (nous avons souvent vu des hommes blancs qui, libres de s'habiller selon leur goût, s'affublaient d'une manière ridicule; et, à notre avis, ils n'avaient rien à envier à l'esclave brésilien). Mais un grand nombre de faits relevés pour prouver la transmission héréditaire, n'ont pas plus de fondement que celui de ce matelot, apôtre darwinien, nous citait comme exemple, en nous montrant un nègre vêtu à la dernière mode, mais n'ayant pas de chaussures aux pieds.

Que le fait qu'un grand nombre de criminels et de pauvres, secourus par l'Assistance publique, descendent, à travers plusieurs générations d'ancêtres pauvres, soit cité comme prouvant l'hérédité de transmission, est selon nous voisin de l'absurde. Des gens pauvres ne peuvent élever que des enfants pauvres, même si ces enfants ne sont pas les leurs, de la même manière que le commerce des criminels rendra criminels les enfants nés de parents vertueux. Apprendre à compter sur la charité, c'est perdre le respect de soi et l'indépendance pour pouvoir ne compter que sur soi, quand la lutte est difficile. Ceci est si vrai que, comme tout le monde sait, la

(1) Butlers.

charité a pour effet d'augmenter la tendance ou la demande pour la charité, et la question de savoir si le soulagement de la misère et les aumônes particulières ne font pas plus de mal que de bien reste ouverte. Il en est ainsi de la disposition des enfants pour montrer les mêmes sentiments, les mêmes goûts, les mêmes préjugés ou les mêmes talents que leurs parents. Ils acquièrent ces dispositions, comme ils prennent les travers de leurs associés habituels. Et les exceptions prouvent la règle, comme les antipathies et les répulsions peuvent être excitées.

Et il y a, pensons-nous, une influence plus subtile qui explique (souvent ce qui est considéré comme atavismes de caractères) la même influence qui fait désirer à un enfant qui lit des histoires de flibusteries de devenir pirate. Nous avons connu un personnage qui avait dans les veines du sang de chefs indiens. Il nous répétait souvent des traditions qu'il tenait de son grand-père, lesquelles illustraient ce qu'il serait difficile à un homme blanc de comprendre, l'habitude indienne de la pensée, la soif intense, mais patiente du sang et la fortitude dans les supplices. Sa manière de parler de ces choses nous donna à penser que, quoique ayant reçu une excellente éducation qui avait fait de lui un homme du monde, il aurait pu montrer des dispositions qui auraient pu être attribuées au sang qui coulait dans ses veines, mais qui eussent pu être expliquées par les réminiscences qui hantaient son imagination.

Nous avons parmi les grandes nations comme entre différentes classes ou groupes, des différences dans le genre de celles qui existent entre les peuples dont nous parlons comme différents en civilisation ; différences de connaissances, de foi religieuse, de coutumes, de goûts et de langage, lesquels, dans leurs extrêmes montrent chez les peuples de la même race, vivant dans le même pays, des différences presque aussi grandes que celles qui existent entre les peuples civilisés et les sauvages.

Comme tous les degrés du développement social, depuis l'âge de pierre ou néolithique période, jusqu'à nos jours, sont encore visibles dans les communautés contemporaines existantes, de même, dans le même pays et dans la même ville, on trouve encore côte à côte, des groupes qui montrent les mêmes diversités.

Dans des pays tels que l'Angleterre et l'Allemagne les enfants de la même vie, nés et élevés dans la même localité grandiront, parlant différemment le même langage, ayant une foi religieuse différente, suivant des coutumes différentes et montrant des goûts différents, et même dans un pays comme les Etats-Unis, des différences de la même espèce, quoique de différents degrés, sont perceptibles entre différents cercles ou groupes.

Mais ces différences ne sont certainement pas innées. Un enfant ne naît pas méthodiste ou calviniste, ou catholique. Ces différences qui distinguent différents groupes ou cercles, dérivent d'associations dans ces cercles.

Les janissaires étaient recrutés de jeunes gens arrachés à des familles chrétiennes ; ils n'en étaient pas moins des musulmans fanatiques, montrant tous les traits qui distinguent le caractère turc. Tous les ordres religieux montrent des caractères distincts qui ne se perpétuent pas par une transmission héréditaire ; et même des associations telles qu'une école ou un régiment, où les agrégations ne sont unies que pour un temps et changent souvent, montrent des caractéristiques généraux qui sont le résultat d'impressions perpétuées par association.

C'est ce corps de traditions, de foi religieuse, de coutumes, de lois, d'habitudes et d'associations qui s'élève dans chaque communauté et qui entoure chaque individu. Ce « Super organique environnement » comme Herbert Spencer l'appelle, qui, comme nous le prenons, est le grand élément qui détermine le caractère national.

C'est ceci, plutôt que la transmission héréditaire qui fait que l'Anglais diffère du Français, l'Allemand de l'Italien, l'Américain du Chinois et l'homme civilisé du sauvage. C'est de cette manière que le caractère national est conservé, développé ou altéré.

Dans certaines limites, ou, si l'on préfère, en dehors de ces limites mêmes, la transmission héréditaire peut se développer ou changer ses qualités; mais ceci est beaucoup plus vrai au physique qu'au moral, et bien plus vrai des animaux que de la partie physique de l'homme. Des déductions de l'élève des pigeons ou du bétail ne peuvent pas être appliquées à l'homme, et la raison en est facile à saisir. La vie de l'homme, même dans son état le plus grossier, est infiniment plus complexe. Il est constamment influencé par un nombre de circonstances infiniment plus grand, parmi lesquelles l'influence relative de l'hérédité s'amoindrit constamment. Une race d'hommes qui n'aurait pas de plus grande activité mentale que des animaux, des hommes qui ne feraient que manger, boire, dormir et se propager, pourraient, nous n'en doutons pas, par un traitement soigneux et un choix attentif dans les spécimens pour la production, donner avec le temps, des diversités de corps, de formes et de caractère, que des moyens semblables ont produit dans les animaux domestiques. Mais il n'y a pas d'hommes tels, et chez les hommes, tels qu'ils sont, les influences mentales, agissant par l'esprit sur le corps, interrompraient constamment la transformation.

On ne peut pas engraisser un homme dont l'esprit est préoccupé, en le reléguant dans une porcherie et en le nourrissant comme on engraisse un porc. Il est très probable que la présence de l'homme sur la terre est antérieure à celle de beaucoup d'animaux. Sir J. Lyell la fait remonter au-delà de la période glaciale, quand le cercle polaire arctique s'étendait jusqu'à Abbeville, et que le climat de la France était ce qu'est encore aujourd hui celui du Groënland, et il estime, d'après des preuves géologiques, que l'homme habite cette planète depuis plus de 200.000 ans. Alors, et depuis, les hommes se sont trouvés séparés par des différences de climats qui produisent les différences les plus marquées chez les animaux ; et, cependant, les différences physiques les plus apparentes entre les différentes races d'hommes sont à peine plus grandes que les différences entre les chevaux blancs et les chevaux noirs ; elles ne sont certainement pas comparables à celles qui existent entre les chiens de la même espèce, comme par exemple, les différentes variétés de terriers et d'épagneuls. Et même ces différences physiques entre les races d'hommes remontent à une époque quand l'homme était beaucoup plus près de l'animal, c'est-à-dire alors que ses facultés mentales étaient beaucoup moins développées. C'est du moins ce que prétendent ceux qui les expliquent par l'évolution et la transmission héréditaire.

Et si ceci est vrai de la constitution physique de l'homme, à plus forte raison en est-il ainsi, et à un bien plus haut degré, de sa constitution mentale.

Nous apportons dans le monde toutes les parties physiques de notre corps, mais le développement de notre esprit ne se fait qu'après que nous y sommes entrés. Il y a une époque dans la croissance de tout organisme à laquelle on ne peut dire, excepté par l'environnement, si l'animal en formation sera reptile ou poisson, homme ou singe. Il en est de même avec un enfant nouveau-né ; si l'esprit qui doit s'éveiller au sentiment de la conscience et du pouvoir doit être anglais ou allemand, américain ou chinois ; l'esprit d'un homme civilisé ou celui d'un sauvage dépend entièrement de l'environnement dans lequel il se trouve placé.

Prenons un nombre d'enfants nés de parents qui sont eux-mêmes nés au milieu d'une civilisation raffinée et transportons-les dans un pays inhabité. Supposons que par l'effet d'un miracle, ils soient soutenus jusqu'à ce qu'ils aient l'âge de se suffire : qu'aurions-nous alors ? Des sauvages ne sachant tirer aucun parti de leurs facultés. Ils auraient le feu à découvrir, les outils les plus grossiers et des armes à inventer, un langage à construire. Ils auraient enfin à se frayer une voie vers les connaissances les plus simples, à travers des obstacles sans nombre, pour arriver à savoir ce que les sauvages les plus grossiers possèdent, de la même manière qu'un enfant qui apprend à marcher. Qu'avec le temps, ils apprennent à faire toutes ces choses, il n'y a pas le moindre doute, *car toutes ces possibilités sont latentes dans l'esprit humain, pour la même raison que le pouvoir de marcher se trouve dans le corps humain.* Mais ne doutons pas qu'ils fassent toutes ces choses ni mieux ni plus mal, ni plus vite ni plus lentement que les enfants de parents sauvages, placés dans les mêmes conditions. Etant donnés les pouvoirs intellectuels les plus grands, les plus étendus que des individus exceptionnellement favorisés aient jamais déployés, que serait l'humanité si une génération était séparée de celle qui vient après par un intervalle de temps comme le sont les dix-sept années de Locuste. Un tel intervale réduirait l'humanité non pas à la sauvagerie, mais à une condition auprès de laquelle la sauvagerie, comme nous la connaissons, semblerait une civilisation.

Et, au contraire, supposons qu'un nombre d'enfants sauvages puissent être à l'insu des mères (car même ceci serait nécessaire pour tenter une expérience impartiale), substitués à un nombre d'enfants d'une civilisation avancée, pouvons-nous supposer qu'en grandissant, ils montrent aucune différence? Je pense que quiconque a vécu parmi différents peuples et s'est trouvé mêlé à différentes classes, le croit. La grande leçon que nous trouvons en ceci, c'est que la nation humaine reste partout la même. Et l'on peut aussi bien apprendre cette leçon dans une bibliothèque. Je ne parle pas tant au point de vue de récits de voyageurs, car les récits que les hommes civilisés font des sauvages sont tout ce que les sauvages pourraient dire s'ils écrivaient des récits de voyages des hommes civilisés. Mais ces *mementos* de la vie et des pensées d'autres temps et d'autres peuples, lesquels, traduits dans la langue que nous parlons aujourd'hui, sont comme des aperçus de notre vie et des rayons de notre pensée.

Le sentiment qu'ils inspirent est celui de la similarité essentielle des hommes. Ceci, dit Emmanuel Deutsh, ceci est la fin de toute investigation dans l'art ou l'histoire; ils furent exactement ce que nous sommes.

***

Il y a une nation qu'on trouve dans toutes les parties du monde et qui est une illustration des particularités qu'on peut attribuer à la transmission héréditaire et celles qui sont imputables à la transmission par association. Les juifs ont maintenu la pureté de leur sang plus scrupuleusement et pendant plus longtemps qu'aucune des races européennes ; cependant nous inclinons à penser que le seul caractéristique qu'on puisse attribuer à ceci est celui de la physionomie; et il est bien moins marqué qu'on le suppose conventionnellement, et celui qui veut s'en donner la peine peut s'en assurer par l'observation; quoiqu'ils se soient constamment mariés entre eux, ils ont été constamment modifiés par leur entourage. Les Juifs anglais, russes, polonais, allemands, orientaux, diffèrent entre eux sous beaucoup de rapports, autant et plus peut-être que les peuples de ces pays. Cependant ils ont beaucoup de points communs, et partout il ont conservé leur individualité. La raison en est simple : c'est la religion hébraïque ; et assurément la religion n'est pas transmise par hérédité, mais par association. C'est elle qui a conservé partout la distinctivité de la race hébraïque. Cette religion, les enfants juifs en héritent, non comme ils héritent de leurs caractéristiques physiques, mais par des préceptes et des associations, n'est pas seulement exclusive dans son enseignement et ses doctrines, mais elle a, en engendrant la suspicion et l'antipathie, produit une pression extérieure puissante, même plus que ses préceptes elle a contribué à former partout, des juifs, une communauté dans une communauté.

Et il nous paraît que l'influence du réseau social, ou environnement, expliquera ce que l'on prend souvent pour des différences dans les races ; la difficulté que les races civilisées montrent pour recevoir une civilisation plus élevée et la manière dont quelques-unes s'évanouissent devant elles. De même qu'un environnement social persiste, ainsi devient-il difficile ou impossible à ceux qui y sont soumis d'en accepter un autre.

Si le caractère d'un peuple est fixé, c'est bien celui du peuple chinois. Cependant, les Chinois de la Californie acquièrent dans tous leurs travaux la manière de faire des Américains avec une facilité qui prouve qu'ils ne manquent pas de flexibilité ou capacité naturelle. S'ils ne changent pas sous d'autres rapports, c'est parce que l'environnement chinois persiste encore et les entoure toujours. Venant de la Chine, ils pensent à y retourner un jour, et ils se font, pour ainsi dire, une petite Chine en miniature dans le pays où ils comptent séjourner pendant leur exil volontaire, et de la même manière que les Anglais s'entourent aux Indes de tout ce qui peut leur rappeler leur pays, de manière à rendre l'illusion aussi complète que possible, ce n'est pas que nous recherchons naturellement la société de ceux qui partagent nos singularités et qu'ainsi, le langage, la religion, les coutumes tendent à persister où les individus ne sont pas absolument isolés, mais bien parce que ces différences provoquent une pression extérieure, qui oblige à de telles associations.

Ces principes évidents expliquent suffisamment tous les phénomènes que l'on voit dans la rencontre d'un degré ou corps de culture avec un autre, sans recourir à la théorie de différences innées. Ainsi que la philologie comparée l'a prouvé, l'Indou est de la même race que l'Anglais, son vainqueur; et de nombreux exemples ont montré que s'il pouvait être complètement et exclusivement placé dans l'environnement anglais (ce qui ne pourrait se faire, ainsi que nous l'avons déja fait remarquer, qu'en plaçant des enfants dans des familles anglaises, de telle sorte que ni eux en grandissant, ni ceux qui les entourent ne fussent conscients d'aucune distinction), toute une génération serait nécessaire pour implanter ainsi la civilisation européenne. Mais les progrès d'idées et d'habitudes anglaises aux Indes doivent être très lents, parce qu'ils y rencontrent la trame d'idées et d'habitudes constamment perpétuées à travers une immense population, et entrelacés avec tous les actes de la vie.

M. Bagehut, dans « *la Nature et la Politique* », essaye d'expliquer pourquoi les barbares dépérissent devant notre civilisation, tandis qu'ils se sont maintenus devant celle des anciens, en supposant que les progrès de la civilisation nous aient donné une constitution physique plus solide, après avoir fait allusion au fait que pas un écrivain classique n'a regretté les barbares, mais que partout le Barbare endura le contact du Romain et que celui-ci s'allia au Barbare, il dit : « Les sauvages, dans la première année de l'ère chrétienne, étaient à peu près ce qu'ils furent jusqu'au dix-huitième siècle ; et s'ils soutinrent le contact des anciens qui étaient civilisés et ne peuvent pas soutenir le nôtre, il s'ensuit que notre race est probablement plus forte et plus capable de résistance ; car nous avons à supporter, et nous supportons les germes de maladies plus destructives que celles qui affectaient les anciens. Nous pouvons peut-être employer l'Indien invariable comme type pour mesurer la vigueur de constitution de celui au contact de qui il est exposé. »

M. Bagehut ne cherche pas à expliquer comment il se fait qu'il y a dix-huit siècles, la civilisation n'ait pas donné un avantage relatif semblable à celui qu'elle donne maintenant sur le barbarisme. Mais il est inutile de parler de ces choses aujourd'hui, ou du défaut de preuves que la constitution humaine ait été tant soit peu améliorée. A celui qui a vu que le contact de notre civilisation affecte les races inférieures, une explication plus facile et plus prompte, quoique moins flatteuse, se présentera tout d'abord.

Ce n'est pas parce que notre constitution est plus compacte que celle des sauvages ; mais parce que des maladies contagieuses, qui n'ont pour nous qu'un caractère d'innocuité, sont, pour eux, mortelles quand ils en sont atteints. C'est parce que nous connaissons la nature de ces maladies et que nous possédons les moyens de les traiter, tandis que lui est dépourvu du savoir et des moyens de les traiter. Ces mêmes maladies que l'écume de la civilisation, qui flotte dans sa marche, inocule au sauvage, seraient aussi destructives chez l'homme civilisé que chez le sauvage, s'il ne savait pas mieux que de les laisser subsister ; et dans son ignorance, il faut qu'il se laisse détruire par ces maladies ; et, en fait, elles firent autant de ravages parmi les nations civilisées que chez les sauvages jusqu'au jour où l'on découvrit comment les traiter. Et, non seulement ceci, mais l'effet de l'empiètement de la civilisation sur le barbarisme est d'affaiblir le pouvoir du sauvage, sans amener celui-ci dans la situation qui donne le pouvoir à l'homme civilisé, tandis que ses habitudes tendent toujours à persister et persistent aussi longtemps que possible ; mais les conditions auxquelles elles étaient adaptées sont forcément changées. Ce n'est plus qu'un chasseur dans un pays dépourvu de gibier, un guerrier privé de ses armes et requis de plaider sur des technicalités. Il n'est pas seulement placé entre des cultures, mais comme le remarque M. Bagehut, à propos des Européens nés de croisements de races aux Indes, — entre des moralités, — et il prend les vices d'une civilisation sans s'en approprier les vertus. Il prend ses moyens accoutumés de subsistance ; il perd sa moralité, il perd sa dignité personnelle et lui-même enfin disparaît.

Les misérables créatures que l'on voit rôder dans les environs des villes frontières et des stations de chemins de fer, prêtes à mendier, à voler ou disposées à des actions plus viles encore, ne sont pas des types de ce qu'était l'Indien avant que l'homme blanc apparût sur ses chasses. Il a perdu la force et les vertus de son ancien état, sans acquérir celles d'une condition sociale plus élevée. En fait, la civilisation, de la manière dont elle pousse le Peau-Rouge, ne fait preuve d'aucune vertu. Selon l'Anglo-Saxon des frontières, l'Homme-Rouge n'a aucun droit que lui, spoliateur, soit tenu de respecter. Il est appauvri, incompris, trompé et maltraité ; il disparaît comme nous disparaîtrions si nous nous trouvions placés dans les mêmes conditions. *Il disparaît devant la civilisation comme les Bretons romanisés disparurent devant le barbarisme saxon.*

Ce qui fait qu'aucun écrivain classique ne regretta le barbare que la civilisation romaine assimila au lieu de le détruire, c'est que, non seulement la civilisation romaine ne se trouvait pas très éloignée des us et coutumes des barbares qu'elle rencontrait, mais aussi parce qu'elle était beaucoup moins étendue que la nôtre.

Cette civilisation n'était pas répandue par de courageux missionnaires, ni par une ligne avancée de colons, mais par les conquêtes qui réduisaient les nouvelles provinces à une soumission générale laissant subsister l'organisation sociale et politique des peuples qu'ils assujettissaient de sorte que le procédé d'assimilation s'accomplissait sans désagrégation et presque sans détérioration. C'est ainsi que de nos jours, la civilisation du Japon s'assimile à la civilisation européenne.

En Amérique, l'Anglo-Saxon a exterminé l'Indien au lieu de le civiliser, parce qu'il ne l'a pas amené dans son environnement ; le contact n'a pas non plus été de nature à induire, ni à permettre à la manière de penser, de voir et de faire des Indiens, de changer assez vite pour s'habituer à la nouvelle position qui leur était faite par le voisinage de leurs nouveaux et puissants voisins. L'expérience a suffisamment prouvé que ces races n'ont aucun empêchement inné pour recevoir notre civilisation ; et les résultats obtenus dans ce sens au Paraguay, par les Jésuites, en Californie par les Franciscains, et dans quelques îles de l'Océan Pacifique, par des missionnaires protestants, ne sauraient laisser subsister aucun doute à cet égard. Les prétendues améliorations que notre race aurait subies dans les temps historiques sont absolument sans fondements, à plus forte raison, dans les limites dont parle M. Bagehut. Nous savons, d'après les statues classiques, d'après les fardeaux que portaient les soldats anciens, ainsi que par leurs marches, par les récits des courriers et les exploits de gymnasiarques, que la race ne s'est améliorée, ni dans ses formes, ni dans sa force, depuis plus de deux mille ans. Et la prétention, généralement, si peu universellement admise, que nous valons mieux que les anciens par l'esprit et l'intelligence, n'est pas mieux fondée. .

Comme poètes, artistes, architectes, sculpteurs, peintres, philosophes, rhétoriciens, hommes d'Etat, soldats, etc., etc., est-ce que la civilisation moderne a produit des hommes supérieurs à ceux de l'antiquité, soit dans le rapport physique ou comme pouvoir intellectuel? Il est inutile de citer des noms, tous les écoliers les connaissent. Pour nos modèles et nos personnifications de pouvoir mental, nous les prenons toujours dans l'antiquité, et si nous pouvons imaginer un instant la possibilité de ce qui est accepté par la plus ancienne et la plus répandue de toutes les croyances, celle que Lessing déclare de ce chef la plus probable, quoiqu'il ne l'accepte que métaphysiquement, à savoir que si Virgile ou Homère, Démosthène ou Cicéron, Alexandre, Annibal ou César, Platon ou Lucrèce, Euclide ou Aristote, pouvaient se réincarner au XIXe siècle, pouvons-nous supposer qu'ils se montrassent inférieurs aux hommes d'aujourd'hui? Ou si nous prenons une période quelconque depuis l'âge classique, même la plus obscure, ou toute autre période antérieure dont nous savons quelque chose, ne trouverons-nous pas des hommes qui, dans les conditions et le degré de connaissances de leur temps, ont donné des preuves d'un pouvoir intellectuel d'un ordre aussi élevé que les hommes de nos jours ?

Est-ce que l'invention des chemins de fer, à l'époque qu'elle fut faite, prouva un pouvoir inventif supérieur à celui de la brouette, quand les brouettes n'existaient pas ? Nous, hommes du XIXe siècle, nous sommes élevés bien au-dessus de ceux qui nous ont précédés, ainsi que des races contemporaines moins avancées. Mais c'est parce que nous sommes sur le haut d'une pyramide, et non parce que nous sommes plus grands. Les siècles n'ont pas augmenté notre stature ; ils ont élevé un édifice où nous pouvons poser nos pieds. Qu'on me permette de le redire, je ne prétends pas avancer que tous les hommes possèdent les mêmes capacités ou se ressemblent intellectuellement, pas plus que je ne soutiens qu'ils se ressemblent physiquement. Parmi les millions innombrables d'hommes qui sont venus sur cette terre et en sont partis, en est-il seulement deux qui se soient ressemblés complètement, physiquement ou mentalement ? Je ne prétends pas non plus dire qu'il n'existe pas des différences de races aussi clairement marquées en esprit qu'il y en a de bien définies en corps.

Je ne nie pas non plus l'influence de l'hérédité en transmettant les particularités de l'esprit de la même manière, et, si c'est possible, au même degré que les particularités physiques sont transmises. Il y a, néanmoins, un type commun, une symétrie naturelle d'esprit, comme il y en a de corps, vers laquelle toutes les déviations tendent à retourner. Les conditions sous lesquelles nous tombons peuvent produire des distortions comme celles que les Têtes-Plates produisent en comprimant la tête de leurs enfants, ou, comme les chinois, en ligaturant les pieds de leurs filles. Mais, comme les enfants des Têtes-Plates continuent à venir au monde avec des têtes d'une forme naturelle et les enfants chinois avec des pieds naturellement formés, de même la nature retourne au type normal mental.

Un enfant n'hérite pas plus des connaissances de son père qu'il n'hérite de sa jambe de bois ou de son œil de verre. L'enfant né de parents ignorants peut devenir un pionnier de la science ou un homme autrement remarquable dans le cercle des connaissances humaines.

Mais voici le fait qui nous concerne plus particulièrement: Que les différences entre les peuples de communautés en différents lieux et en différents temps, que nous appelons différences de civilisation, ne sont pas des différences inhérentes à la société; qu'elles ne sont pas, comme Herbert Spencer le prétend, des différences résultant des conditions sous lesquelles ces unités sont introduites dans la société. En un mot, je prends l'explication de ces différences qui distinguent les sociétés, grandes ou petites, de la manière suivante : que chaque société se tisse un cercle de connaissances, de croyances, de coutumes, de langage, de goûts, d'institutions et de lois. Dans ce réseau, tissé par chaque société (ou mieux dans ses réseaux, car chaque communauté, à commencer par la plus simple ou la plus primitive, est composée de sociétés mineures qui s'enchevêtrent les unes dans les autres), chaque individu est reçu à sa naissance et y demeure jusqu'à sa mort. C'est la matrice dans laquelle l'esprit se développe et prend son cachet. C'est de cette manière que les us et coutumes, le langage, la religion, les préjugés, les goûts croissent et sont perpétués. C'est de cette manière que les connaissances et le savoir sont transmis et accumulés et que les découvertes d'une époque ou d'une génération deviennent la propriété commune des générations suivantes. Quoique ce soit là de sérieux obstacles opposés au progrès, c'est néanmoins ce qui les rend possibles et ce qui permet aux écoliers de notre époque d'apprendre en quelques heures, plus de l'univers, que Ptolémée n'en sut jamais; c'est aussi ce qui met le plus douteux de nos savantasses au-dessus du génie gigantesque d'Aristote. Ceci est à la race ce que la mémoire est à l'individu. Nos arts admirables, nos inventions merveilleuses, notre science profonde nous sont parvenus de cette manière.

Imp. X. Jevain, rue Sala, 44, Lyon

www.ingramcontent.com/pod-product-compliance
Ingram Content Group UK Ltd.
Pitfield, Milton Keynes, MK11 3LW, UK
UKHW020341220726
13923UKWH00004B/1524